W9-BWF-381

Servidores Comunitarios

Granjeros y granjeras

Texto: Dee Ready
Traducción: Dr. Martín Luis Guzmán Ferrer
Revisión de la traducción: María Rebeca Cartes

Consultora de la traducción:
Dra. Isabel Schon, Directora
Centro para el Estudio de Libros
Infantiles y Juveniles en Español
California State University-San Marcos

Bridgestone Books
an imprint of Capstone Press
Mankato, Minnesota

Bridgestone Books are published by Capstone Press
818 North Willow Street, Mankato, Minnesota 56001 • http://www.capstone-press.com

Library of Congress Cataloging-in-Publication Data
Ready, Dee.
   [Farmers. Spanish]
   Granjeros y granjeras/de Dee Ready; traducción de Martín Luis Guzmán Ferrer; revisión de
la traducción de María Rebeca Cartes.
   p. cm.—(Servidores comunitarios)
   Includes bibliographical references and index.
   Summary: Explains the clothing, tools, schooling, and work of farmers.
   ISBN 1-56065-798-7
   1. Farmers—Juvenile literature. [1. Farmers. 2. Occupations. 3. Spanish language materials.]
I. Title. II. Series.
HD8039.F3R417 1999
630'.203'73—dc21

                        98-23907
                           CIP
                           AC

Editorial Credits
Martha E. Hillman, translation project manager; Timothy Halldin, cover designer
Consultants
Alice Gudex and William Gudex
Members of the U.S. Farmers Association
Photo Credits
FPG/Arthur Tilley, 4; Steve Hix, 6; Steven Gottlieb, 12; Frank Cezus, 14;
  Dick Luria, 18; John Lawlor, 20
Unicorn/Joel Dexter, cover; Aneal Vohra, 8, 10; Jean Higgins, 16

Contenido

Para evitar una repetición constante, alternamos el uso del femenino y el masculino.

Granjeros y granjeras

Los granjeros y las granjeras trabajan muchas horas para que la gente tenga comida. Algunos granjeros cultivan árboles frutales, verduras y cereales. Otros se dedican a la cría de ganado, como las vacas y los cerdos. Y otros crían aves como los pollos.

El trabajo de las granjeras

Algunas granjeras aran la tierra y plantan las semillas. Los cultivos crecen de las semillas. Otras crían vacas y venden la leche y la carne. Algunas granjeras cultivan árboles frutales.

Qué se ponen los granjeros

Los granjeros trabajan muy duro y se ensucian. Muchos usan overoles o pantalones vaqueros. En los establos usan botas. Por lo general, los granjeros se ponen sombreros para proteger sus ojos.

Las herramientas de las granjeras

Las granjeras usan muchas herramientas diferentes. Las que se dedican a cultivar la tierra usan maquinaria para la siembra y la cosecha. Las que se dedican al ganado lechero usan maquinaria para ordeñar sus vacas. Todas las granjeras usan herramientas pequeñas, como palas y rastrillos.

Qué conducen los granjeros

Los granjeros conducen tractores. El tractor jala un arado para partir la tierra. El tractor también jala una sembradora para sembrar las semillas. Durante la cosecha, una cosechadora recolecta los cereales en sacos o barriles.

Las granjeras y la escuela

Las granjeras tienen que saber cómo utilizar correctamente sus tierras. Muchas estudian en las escuelas de agronomía. Ahí estudian las plantas y los animales. Ellas aprenden cómo ganar dinero con la agricultura y ganadería.

Dónde trabajan los granjeros

Por lo general, los granjeros viven en la granja donde trabajan. Generalmente, viven en una casa junto al establo para sus animales. Las granjas pueden ser pequeñas o grandes. La mayoría de las granjas tienen establos, silos y tierras de cultivo.

Quiénes ayudan a las granjeras

Las granjeras necesitan de los veterinarios. El veterinario cuida que los animales de la granja estén sanos. Las granjeras dependen de los comerciantes. Los comerciantes les compran sus cosechas y su ganado. Después, estos productos los venden en el mercado.

Los granjeros ayudan a la gente

Sin el trabajo de los granjeros no habría comida. Los granjeros cultivan mucha de la comida que come la gente. Los granjeros no ayudan solamente a la gente de sus propias comunidades. Ellos ayudan a la gente de todo el mundo.

Manos a la obra: Siembra y ve crecer tus frijoles

Los granjeros cultivan comida para toda la gente del mundo. Tú también puedes sembrar tus cultivos. Todo lo que necesitas son semillas, tierra, agua y sol.

1. Llena a la mitad varias tazas de papel con tierra negra y húmeda.
2. Con tu dedo haz un agujero. Haz el agujero en el centro de la tierra en cada taza.
3. Siembra un frijol en cada agujero.
4. Cubre las semillas con la tierra. Riega la tierra con agua.
5. Pon las tazas donde les dé mucho sol. Riega tus semillas un poco todos los días.

Verás como crecen tus frijoles.

Conoce las palabras

comunidad—grupo de gente que vive en el mismo lugar

cosecha—recolección de la siembra o cultivos

cosechadora—máquina que corta el tallo de las plantas y luego separa el grano

cultivos—plantas que se siembran para alimentar a los animales o venderse como comida

frijol—planta y semilla comestible que tiene varios nombres: judía, poroto, habichuela

ganado—cría de animales en las granjas para ordeñar o vender como carne

silo—edificio alto, redondo empleado para almacenar comida para animales

Más lecturas

Brady, Peter. *Tractors*. Mankato, Minn: Bridgestone Books, 1996.

Sánchez, Isidro. *El huerto*. Mis Plantas. Hauppauge, N.Y.: Barron's, 1991.

Páginas de Internet

I & J Farms of Idaho
http://cyberhighway.net/~ijfarms
The 4-H Farm
http://www.ics.uci.edu/~pazzani/4H/InfoDirtRoad.html

Índice